符合《国际中文教育中文水平等级标准》（GF0025-2021）

主 编
丁安琪
Lisa Huang Healy（美）

编 者
丁安琪 王 彦

Experiencing Chinese for Primary Schools

体验汉语

小学教程

学生用书
Pupil's Book

第六级
Level

6

中国教育出版传媒集团
高等教育出版社·北京

前言 | Preface

《体验汉语小学教程》编委会

《体验汉语小学教程》系列教材是 2020 年教育部中外语言交流合作中心"国际中文教育精品教材 1+2 工程"项目,也是高等教育出版社 2022—2024 重点出版规划教材。为了保证教材质量,高等教育出版社专门成立由中国汉语教师与美国汉语教师联合组成的《体验汉语小学教程》教材编写委员会。编委会参考原有《体验汉语》(泰语版)小学教材,结合近年来国际第二语言教学新的理论和理念,制订了全套教材编写方案。

适用对象

《体验汉语小学教程》系列教材适用于以英语作为第一语言或者第二语言、选修汉语的小学生,或者 5—12 岁的汉语学习者。

教材构成

《体验汉语小学教程》系列教材共分 6 级,可供小学 1—6 年级(或 k—5 年级)使用,每个学年完成一个级别。每级教材包含《学生用书》《练习册》《词汇卡》和《教师用书》(仅电子书)。此外,各级别还配套《体验汉语小学教程》数字教材 App,方便学习者通过不同的终端同步学习。

编写理念

"体验式外语学习理念"是本系列教材的核心理念。本系列教材认为汉语学习是一种体验;在教学过程中,要以学生为主体,以活动为载体,为学生营造轻松愉快的学习氛围,创设自然真实的语言环境,引导学生以任何可用的感官作为媒介,用全部心智去感受汉语,从而达到了解汉语知识、热爱中国文化的目的。

"多元、融合"是本系列教材的基本理念。"多元"是指教材活动设计基于多元智能理论,将言语语言智能与数理逻辑智能、视觉空间智能、音乐韵律智能、身体运动智能、人际沟通智能、自我认识智能、自然观察智能等有机集合在一起,全面培养学习者的综合智能;"融合"指教材对语言要素、语言知识、文化知识以及汉语听、说、读、写能力等进行了系统的整合,将其有机融合在每一课的教材设计和各个练习活动中。

编写特点

本系列教材的内容和场景设计本着"充满中国味儿,体现国际范儿"原则,一方面体现《国际中文

教育中文水平等级标准》的等级要求,另一方面也参考《YCT 考试大纲与应考指南》,既融合语言学习"交际、文化、学科联接、社区、创新"(Communication, Culture, Connection, Community, Creativity)的 5C 法则,又充分考虑低龄学习者的心理和学习特点,通过交互式场景(Environment)设计,使学习者在参与(Engagement)中获得愉悦(Enjoyment),在愉悦中引起共鸣(Enhancement),在共鸣中习得语言,并在实际应用中提高能力。本系列教材的人物设计前后贯通,并随年龄增长而长大,强化学习者的体验感和代入感;各级各课对场景图绘画的要求融合了二语习得的"生态环境"(ecological environment)和"人文环境"(humanistic environment)要素,从而形成多元环境下的跨文化交际。教材的具体特点总结如下:

1. 人物和场景生动有趣,内容简单易学,符合少年儿童的年龄特点和心理特点;

2. 活动种类丰富,强调"在做中学、在玩中学",符合少年儿童活泼好动的特点;

3. 编排遵循由易到难、循序渐进的原则,确保教材好教易学,增强学习者的成就感;

4. 结构注重以功能为纲,听说读写技能有机融合;

5. 重视学以致用,培养学习者将所学知识应用于实际生活的能力,强调"在用中学";

6. 融合中西方文化,促进跨文化交流与理解;

7. 强调汉语知识与其他学科知识的关联。

《学生用书》

《学生用书》每级均有 8 课,人物和对话在 8 个大场景中展开。每课包含"学一学""听一听,读一读""说一说""唱一唱""做一做""你知道吗?""故事会"等不同的板块:

"学一学"重点帮助学习者学习每一课的生词;

"听一听,读一读"为学习者提供丰富的语言输入;

"说一说""唱一唱"以游戏、活动或音乐形式为学习者的语言产出提供机会;

"做一做"让学习者在做手工的过程中体验中国文化;

"你知道吗?"为学习者呈现不同的文化内容,旨在提升学习者的多元文化与跨文化意识;

"故事会"用汉语讲述一个幽默有趣的小故事，让学习者体会汉语之美。

《学生用书》的录音以二维码形式呈现，每个级别一个二维码，扫码之后可选择相匹配的内容播放。学生和教师都可以自行下载选用。

（配套资源）

本系列教材除《学生用书》外，还包含《练习册》《词汇卡》和《教师用书》（仅电子书）等配套资源。

《练习册》将学习者的自我评估与练习有机结合在一起，是对教学目标的集中体现。每一课包含"我会说""我会读""我会写"三个板块，通过少而精的练习，帮助学习者检测自己对本课内容的掌握情况。

《词汇卡》的设计包含了汉字、拼音、典型图画、英语翻译、课号与该词语在《国际中文教育中文水平等级标准》中对应的等级，内容丰富，方便学生采用不同的形式使用该套卡片。

《教师用书》为教师提供教学参考。为了方便教师使用，本套教材《教师用书》采用了大书套小书的版式设计，将《学生用书》嵌入《教师用书》中，将《学生用书》中需要注意的内容、补充的材料等以边注的形式呈现出来，可以使老师直观地了解每个教学环节中的注意事项与教学建议。由于内嵌《学生用书》，教师甚至可以直接以《教师用书》代替《学生用书》用于课堂教学而与学生保持内容完全同步。

《体验汉语小学教程》数字教材 App 既可以单独使用，也可以作为课堂教学的辅助，与纸质教材一起使用。App 中人物设计活泼可爱，学习板块易学易用，教学环节指导清晰，学习者可以边学边练，实现人机交流互动。还有趣味化的游戏设计，可以提升学习者的学习动力。

（特别感谢）

感谢教育部中外语言交流合作中心为本系列教材的开发提供资助；感谢《体验汉语小学教程》编写委员会所有编者付出的心血与智慧；感谢高等教育出版社各位编辑在教材编写过程中提出的宝贵建议和有力支持。

妈妈
（中国）

10岁 美美
（中国）大龙的妹妹

大龙（中国）
12岁

爸爸
（中国）

李老师
（中国）

爷爷
（中国）

奶奶
（中国）

15 岁 金敏恩
（韩国）金敏俊的姐姐

金敏俊（韩国）
12 岁

艾米丽
（法国）
12 岁

都拉（泰国）
12 岁

玲子
（日本）
12 岁

马克（美国）
12 岁

王老师（中国）

目录 | Contents

② 我想要一件 T 恤。

你想要什么礼物？

我想要……

我送你……

[1] 你们想要什么礼物？

[3] 我想要一个毛绒玩具。

礼物

lǐwù

gift

娃娃

wáwa

doll

毛绒玩具

máoróngwánjù

stuffed toy

蛋糕

dàngāo

cake

滑板

huábǎn

skateboard

电脑

diànnǎo

computer

机器人

jīqìrén

robot

游戏机

yóuxìjī

game machine

T恤

T xù

T-shirt

台

tái

measure word

件

jiàn

measure word

送

sòng

give (as a present)

◉ 小调查。问问你的小组成员想要什么生日礼物，看看大家最想要的生日礼物是什么。
Short survey: Ask your team members what they would like to receive on their birthday and see what things most people like to receive on their birthday.

一个机器人	一个滑板	一台电脑	一本汉语书

一件T恤	一个笔袋	一个书包	一条裙子

	玲子	我想要一件T恤。T恤上有汉字。

你可以告诉圣诞老人你的家人想要的圣诞礼物是什么吗？
Can you tell Santa what your family wants for Christmas?

明天是圣诞节，我们都想要圣诞礼物。

……

新年到，新年到，

敲锣打鼓放鞭炮。

新年到，新年到，

小朋友们拍手笑。

新年好呀！新年好呀！

祝贺大家新年好！

我们唱歌，我们跳舞。

祝贺大家新年好！

做一做 LET'S DO IT

你有什么新年愿望？可以是关于你和你的家人，也可以是关于你的城市、你的国家或全世界。请画一画。
What's your New Year's wish? It could be for yourself or your family. It could be for your city, your country or the whole world. Please draw it.

◉ 中国的农历新年，有特别的习俗，你知道是什么吗？你见过下图中的东西吗？你能选出正确答案吗？
There are special customs the Chinese follow during the Chinese New Year. Do you know what they are? Have you seen the pictures below in real life? Can you try to match the words with the correct corresponding pictures?

"福"字 红包

   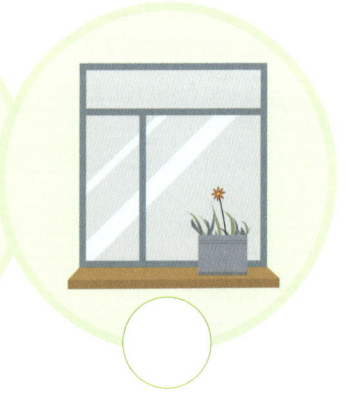

饺子 窗花

∞ 你们国家新年有什么特别的习俗吗？你们能告诉老师吗？
Does your country observe any special customs or traditions during the New Year? Please share with us.

第 2 课 | 这里有多少匹马？

数一数，这里有多少匹马？

这里有……

它们都……

猪
zhū
pig

牛
niú
cattle

羊
yáng
sheep

马
mǎ
horse

鸡
jī
chicken

鸭
yā
duck

鹅
é
goose

头
tóu
measure word

匹
pǐ
measure word

数一数
shǔyìshǔ
count

要……了
yào...le
be going to

出发
chūfā
depart

快点
kuàidiǎn
hurry up

这些
zhèxiē
these

都
dōu
all

动物
dòngwù
animal

高兴
gāoxìng
happy

1

◉ 两人一组，一人模仿一种动物的叫声，另一个人试着说出动物的名称并找出相应的词卡。
Work in pairs. One imitates the sound of an animal, the other tries to say its name in Chinese and find the corresponding word card .

咩咩——

羊

∞ 两人一组，仿照例子，看图说话。
Have a dialogue with your partner based on the pictures below.

1

2

这些都是熊猫吗？

不, 还有一只猫。

这些都是芒果吗？

1

这些都是鸭子吗？

2

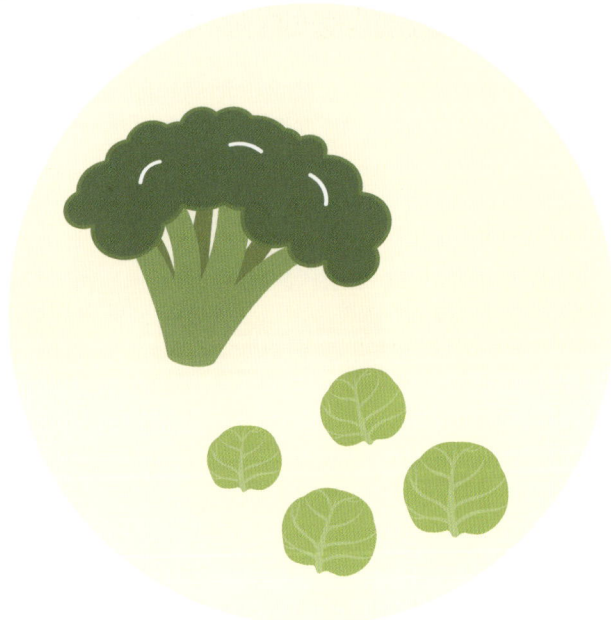

这些都是圆白菜吗？

如果你有一个农场，你希望这个农场是什么样的呢？
If you have a farm, what would you want the farm to be like?

大家好！这是我的农场……

_____

_____

_____

_____

一二三四五六七，牛羊鹅鸭猪马鸡，

你拍八，我拍八，大小动物都有家，

你拍九，我拍九，人和动物是朋友。

做一做 LET'S DO IT

两人一组，仿照例子，画出你们喜欢的动物手指画，然后用下面的句型说一说。
Work in pairs, finger paint the animals you like. Tell us about what you draw using the sentence pattern below.

这里有_____。

数一数，这里有多少_____？

你知道吗? DO YOU KNOW?

🔵 你听说过"十二生肖"吗?
Are you familiar with the Chinese zodiac animals?

你知道中国人用来代表年份的这十二种动物的顺序吗? 请排一排。
Do you know their order? Please try to arrange them in order.

兔

虎

牛

鼠

羊

马

蛇

龙

猪

狗

鸡

猴

👁 你的生肖是什么? 和你的同伴说一说。
What is the zodiac animal of your birth year? Please share with your partner.

你属什么?

我属猴。

……味道怎么样？

味道好极了！

……有点儿辣！

酸
suān

sour

辣
là

spicy

咸
xián

salty

肉
ròu

meat

米饭
mǐfàn

rice

烤鱼
kǎoyú

roasted fish

鸡蛋
jīdàn

egg

虾
xiā

shrimp

汤
tāng

soup

有点儿
yǒudiǎnr

a little

味道
wèidào

flavour

……极了
jíle

extremely

了
le

finish

挺……的
tǐng...de

quite

好吃
hǎochī

delicious

您
nín

address sb. respectfully

还
hái

still

一会儿
yíhuìr

a while

和你的同伴一起，根据实际情况问答。
Questions and answers

 昨天晚上你吃的是什么？

 早饭你吃了什么？

 今天你吃早饭了吗？

 今天你喝什么了？

两人一组，一问一答，将下图补充完整。
Work in pairs and complete the dialogue according to the picture.

1 阿俊，昨天早上吃的是什么？

2 吃的是_____。

3 喝的是什么？

4 喝的是_____。

金敏俊	昨天			今天		
	早上	中午	晚上	早上	中午	晚上
吃						
喝						

说一说你和家人喜欢吃的食物（5 种以上），并说说它们的味道。
Name the food you and your family like (at least 5) and tell us how they taste.

我喜欢吃……

我喜欢喝……

东坡肉，水煮鱼，

腰果虾仁，黄焖鸡，

酸甜苦辣咸，色香味俱全，

好客的中国人，好吃的中国菜，

一代传一代！

做一做 LET'S DO IT

做海报：味道集合。三人一组，仿照例子，选择一种味道，收集各国美食图片，然后用汉语说一说。小提示：
1. 可以自己画，也可以打印剪贴。2. 可以查字典或询问老师，把相关的汉语表达写在图片旁边。
Create a poster. Select a taste (salty, spicy...) and use the taste as the theme of your poster. Create a poster of various food from all over the world with the taste you just selected. Try naming the food in the poster using Chinese.

辣

你知道吗? DO YOU KNOW?

⦿ 你可以说说他们的味道吗?
Have you eaten the Chinese food in the pictures below?　Can you tell their flavour?

宫保鸡丁

麻婆豆腐

小笼包

糖醋排骨

炒饭

麻辣香锅

西红柿炒鸡蛋

牛肉面

◖◗ 选一选。
Choose the correct pictures.

宫保鸡丁

烤鸭

炒饭

麻辣香锅

空气越来越好。

A 和 B 一样吗？

A 比 B……

A 没有 B……

河
hé
river

森林
sēnlín
forest

汽车
qìchē
car

尾气
wěiqì
exhaust

城市
chéngshì
city

垃圾
lājī
rubbish

干净
gānjìng
clean

脏
zāng
dirty

空气
kōngqì
air

环境
huánjìng
enviroment

差
chà
bad

一样
yíyàng
same

座
zuò
measure word

当然
dāngrán
of course

空气越来越干净。

垃圾越来越少。

森林越来越多。

环境越来越好。

1 这两条河一样吗？

2 不一样，这条河比那条河干净。

说一说 LET'S SAY IT

两人一组，说说下面四幅图。
Work in pairs. Talk about these four sets of pictures.

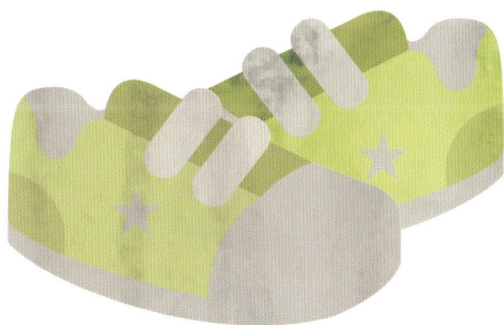

两人一组，一人一句，用"……比……"和"……没有……"说说下面两幅图。
Work in pairs. Use the sentence patterns "……比……" and "……没有……"to describe the pictures below.

说一说你喜欢住在乡村还是城市，为什么。
Do you like living in cities or villages? Tell us why.

我喜欢住在……

_____

_____

_____

森林越来越多，垃圾越来越少，

汽车越来越好，尾气越来越少，

空气越来越干净，环境越来越好。

啦啦，啦啦啦——

做一做 LET'S DO IT

我是环保小卫士：请四人一组，模仿下图，做一份环保宣传海报，并把你们的小故事表演出来。看看哪组的海报做得最好，哪组表演得最好。
I am a small guardian of environment: Create an environmental protection poster like below with stories. Try to act your story out.

这是过去的北极。

这是现在的北极。

我喜欢冰，但是冰越来越少。

我怎么办？

◉ 你知道下列这些垃圾分别属于什么垃圾吗？
Can you sort the garbage according to their classification?

有害垃圾
Hazardous Waste

可回收物
Recyclable Waste

其他垃圾
Residual Waste

厨余垃圾
Household Food Waste

∞ 你觉得下图中哪些生活方式对环境好，请打勾。
Put a check mark on the pictures below which displays environmental friendliness.

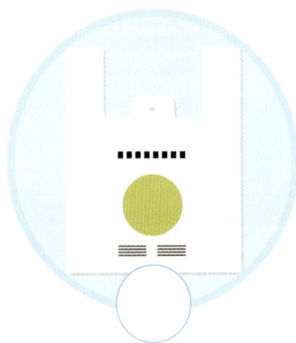

第5课 | 我参加接力比赛。

② 是他，他跳得最远。

① 你看，是明明在跳远吗？

你参加乒乓球比赛还是接力比赛？

我参加……

他跳得最远。

跑步
pǎobù
running

接力
jiēlì
relay race

跳高
tiàogāo
high jump

拔河
báhé
tug-of-war

两人三足
liǎng rén sān zú
three-legged race

啦啦队
lālāduì
cheering squad

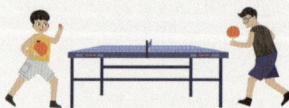

乒乓球
pīngpāngqiú
table tennis

羽毛球
yǔmáoqiú
badminton

铅球
qiānqiú
shot put

参加
cānjiā
join

比赛
bǐsài
competition, match

还是
háishì
or

得
dé
gain

跳远
tiàoyuǎn
long jump

加油
jiāyóu
expression of encouragement

最
zuì
adverb, which shows superlative degree

第一名
dìyīmíng
first place

⊙ 猜一猜。一位同学随机抽取一张老师提前准备好的词卡，根据词卡做动作，其他同学通过询问猜出词卡内容。

Guessing game: One chooses a card from the deck of cards which the teacher has prepared and acts out according to the words on the card. Others guess what sport event it is.

👓 两人一组，看图问答。
Questions and answers by pairs.

A 你是美国人还是中国人？
B 我是美国人。

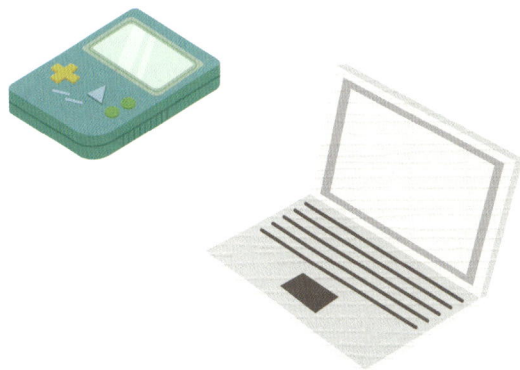

A 谁跑得最快？
B 马克跑得最快。

学校要组织运动会，请说说你和你的小组成员喜欢的运动。
The school is going to organize a sports meet. Please tell us what sports you and your team members like.

我喜欢跑步，我跑得很快……

艾米丽喜欢……

两只老虎，两只老虎，

跑得快，跑得快。

一只没有耳朵，一只没有尾巴。

真奇怪！真奇怪！

做一做 LET'S DO IT

变废为宝。请用家里的废旧物品做一个运动主题展。请将你的作品拍照贴在展示框中，并用汉语标注出运动的名称。

Put junk into good use:Create a sport themed artwork using junk or scraps. Take a picture of your work(s) and paste it in the box below. Write a couple of words to describe your artwork in Chinese.

你知道中国武术吗?

中国武术，门类众多，有拳术、剑术、棍术、刀术，等等。太极拳、咏春拳是深受人们喜爱的日常健身项目。

Do you know Chinese martial arts?

There are many forms of Chinese martial arts, such as Chinese boxing, sword fighting, Shaolin stick fighting, broadsword fighting, etc. The Chinese enjoy Tai Chi and Wing Chun as part of their daily exercise.

你能为下图找出对应的选项吗?

Match the pictures with the names of the sport.

A. 咏春拳　　B. 太极拳　　C. 棍术　　D. 剑术

兴趣班→

我每天 / 常常 / 有时候 /
很少去合唱班。

我每周去一次
太极拳班。

我常常去太极
拳班。

合唱

héchàng

chorus

舞蹈

wǔdǎo

dance

书法

shūfǎ

calligraphy

乐器

yuèqì

musical instrument

太极拳

tàijí quán

Tai Chi

剪纸

jiǎnzhǐ

paper cutting

每

měi

every

很少

hěnshǎo

seldom

有时候

yǒushíhou

sometimes

常常

chángcháng

often

周

zhōu

week

次

cì

measure word

特别

tèbié

especially

表演

biǎoyǎn

perform

给

gěi

to

我每天都
去合唱班。

我常常
去太极拳班。

我有时候
去舞蹈班。

我很少
去书法班。

看图说话。
Describe the pictures.

我每天去
太极拳班。 每天

 很少

 常常

常常

有时候

很少

1 A 你去哪儿？
   B 我去书法班。
   A 你常常去书法班吗？
   B 对。我每天都去书法班。

- 书法
- 剪纸
- 乒乓球
- 羽毛球
- 每天
- 常常
- 有时候
- 很少

2 A 你每周去几次舞蹈班？
   B 我每周去一次舞蹈班。
   A 是吗？你喜欢舞蹈？
   B 特别喜欢。我给你表演一下。

- 一次
- 两次
- 三次
- 四次
- 舞蹈
- 音乐
- 合唱
- 太极拳

请说一说你和你的小组成员参加兴趣班的情况。
Do you and your teammates join interest classes? Please share your and your teammates' experience with us.

我是……我们组有四个人。我们常常……

_____

_____

_____

_____

合唱、乐器和书法，舞蹈、剪纸、太极拳，

你去什么兴趣班？你最爱哪个兴趣班？

每天、常常、有时、很少，

很少、有时、常常、每天，

坚持很重要……

做一做 LET'S DO IT

视频秀。请用小视频展示你们小组成员一周的兴趣班活动，在视频中用中文做简单的介绍。
Video show: Please record a video about your group members' interest class activities for a week . Try to make a simple introduction in Chinese.

你知道吗？ DO YOU KNOW?

◉ 汉字是世界上最古老的文字之一。书法是汉字书写的艺术。你想学中国书法吗？
Chinese characters are one of the most oldest writing systems in the history of mankind.Calligraphy is the art of writing Chinese characters. Do you want to learn calligraphy?

∞ 试着用毛笔描一描下面的字。
Can you try to trace the characters below using a brush?

篆书　　隶书　　行书　　草书　　楷书

王 王 王 王 王

有 有 有 有 有

福 福 福 福 福

中国的春节是
几月几号?

春节的时候我们
应该说什么?

可以说"春节好"
或者"新春快乐"。

春节
Chūnjié
Spring Festival

元宵节
Yuánxiāojié
Lantern Festival

端午节
Duānwǔjié
Dragon Boat Festival

中秋节
Zhōngqiūjié
Mid-Autumn Festival

复活节
Fùhuójié
Easter

感恩节
Gǎn'ēnjié
Thanksgiving

圣诞节
Shèngdànjié
Christmas

新年
xīnnián
New Year

农历
nónglì
Lunar calendar

没错
méicuò
That's right.

节日
jiérì
festival

应该
yīnggāi
should

可以
kěyǐ
can

或者
huòzhě
or

猜一猜。一位同学随机抽取一张老师提前准备好的节日词卡，将词卡展示给其他同学，而本人不能看。通过与同学们的问答，猜测自己拿到的词卡是什么。

Guessing game: Student A picks a card from the deck. He/She will let the rest of the class look at the card without him/her looking at the card. The student will try to guess the name of the festival by asking the class a series of questions.

名字 name	本国节日 native festivals	中国节日 Chinese festivals

请说一说你最喜欢的节日，并说说为什么。
Tell us about your favourite holiday and why.

我最喜欢的节日是……

八月十五月正圆，中秋月饼香又甜。

八月十五月正高，月亮婆婆过生日。

甜月饼、红柿子、苹果香蕉紫葡萄。

送给婆婆过生日，婆婆对着我们笑。

做一做 LET'S DO IT

海报设计：中国最重要的传统节日是春节。在你们国家，最重要的传统节日是什么呢？和你的小组成员一起为这个节日设计一张海报吧！请用汉字或拼音标出重要物品的名称，写出人们可能会说的话。

Create a poster: The Spring Festival is the most important traditional holiday of the Chinese. What is the most important traditional holiday in your country? Please create a poster about it with your teammates. Label down the important items and greetings (in Chinese characters or Pinyin) that people use for this holiday.

你知道吗? DO YOU KNOW?

春节、元宵节、端午节和中秋节都是中国的传统节日。中国人喜欢在不同的节日里吃不同的食物：春节常常吃饺子，元宵节吃元宵，端午节吃粽子，中秋节吃月饼。

Spring Festival, Lantern Festival, Dragon Boat Festival and Mid-Autumn Festival are the traditional festivals of China. Chinese like to eat different kinds of food for different holidays. For example, dumplings are often eaten during Chinese New Year; on Lantern festival, Chinese would serve glutinous rice balls. During Dragon Boat Festival, Chinese eat rice dumplings; and during Mid-Autumn Festival people enjoy moon cakes.

| 传统
chuántǒng
traditional | 不同
bùtóng
different | 粽子
zòngzi
rice dumpling | 节日
jiérì
festival | 元宵
yuánxiāo
glutinous rice ball | 月饼
yuèbǐng
moon cake |

春节吃饺子。

元宵节吃元宵。

端午节吃粽子。

中秋节吃月饼。

请猜一猜，上面的四种食物是用哪些材料做成的？
Can you match the ingredients to the above Chinese traditional food?

A

B

C

D

饺子＿＿＿＿＿　　元宵＿＿＿＿＿　　粽子＿＿＿＿＿　　月饼＿＿＿＿＿

所以春节前的一天叫"除夕"。

你将来想做什么？

我想做……

导游
dǎoyóu
tour guide

翻译
fānyì
interpreter

摄影师
shèyǐngshī
photographer

商人
shāngrén
businessman

演员
yǎnyuán
actor/ actress

歌手
gēshǒu
singer

警察
jǐngchá
policeman

厨师
chúshī
chef

司机
sījī
driver

护士
hùshi
nurse

医生
yīshēng
doctor

公务员
gōngwùyuán
civil servant

家庭主妇
jiātíng zhǔfù
housewife

职员
zhíyuán
office clerk

老师
lǎoshī
teacher

将来
jiānglái
future

名
míng
measure word

为什么
wèishénme
why

因为
yīnwèi
because

很多
hěnduō
many

假期
jiàqī
holiday

旅行
lǚxíng
travel

听说
tīngshuō
hear of

小吃
xiǎochī
snack

就是
jiùshì
exactly

全班接龙。根据真实想法说说长大后你想做什么。
Class Activity : Each person talks about what he/she wants to be in the future when he/she grows up.

③ 他想做一名警察。
我想做一名演员。

② 他想做一名歌手。
我想做一名警察。

① 我想做一名歌手。

老师、导游、翻译、摄影师、商人、演员、歌手、警察
厨师、司机、公务员、医生、护士、职员、运动员

四人一组，仿照例子，根据实际情况互相问答。框内提示可供参考。
Four students in a group, perform a dialogue using the sentence patterns below.
Replace the highlighted words with the given words or your own words.

A 你为什么想做导游？

B 因为导游可以去很多地方。

想做演员	不吃烤鱼	没来学校	学汉语
• 很酷	• 有点儿辣	• 生病	• 喜欢中国

请说一说你将来最想从事的职业和你最想去旅行的地方，并说说为什么。
Tell us what you want to be when you grow up, and the places you want to visit. Tell us why.

我将来想做……因为……

商人、演员和歌手，导游、翻译、摄影师，

你将来想做什么？你将来想做什么？

我想做摄影师，因为很酷，

你呢？你呢？……

做一做 LET'S DO IT

旅行计划：参考下图，试着用中文做一份旅行计划。
Travel itinerary: Create a travel plan using Chinese.

我 的 旅 行 计 划

- 什么时候去？
- 去哪儿？
- 怎么去？
- 和谁一起去？
- 去那儿看什么？做什么？
- 带什么东西去？

你知道吗? DO YOU KNOW?

孔子生活在 2000 多年前的中国。他是一位伟大的老师，有很多很多学生。
Confucius lived 2000 years ago in China. He was a great teacher and had trained many students.

生活	shēnghuó	life

伟大	wěidà	great

你听过这些经典名句吗？请为他们选择对应的英文翻译。
Have you heard about these famous sayings? Please find their corresponding translation.

三人行，必有我师焉。

己所不欲，勿施于人。

学而时习之，不亦说乎？

1 Is it not a pleasure to practice in due time what one has learnt?

2 When three are walking together, I am sure to find teachers among them.

3 Do not do onto others what you do not want others do onto you.

词汇表 | Glossary

	生词	拼音	课号	英文释义	等级
B	拔河	báhé	6-5	tug-of-war	
	表演	biǎoyǎn	6-6	perform	三级
	比赛	bǐsài	6-5	competition, match	三级
C	参加	cānjiā	6-5	join	二级
	差	chà	6-4	bad	一级
	常常	chángcháng	6-6	often	一级
	城市	chéngshì	6-4	city	三级
	出发	chūfā	6-2	depart	二级
	春节	Chūnjié	6-7	Spring Festival	二级
	次	cì	6-6	*measure word*	一级
D	蛋糕	dàngāo	6-1	cake	五级
	当然	dāngrán	6-4	of course	三级
	导游	dǎoyóu	6-8	tour guide	四级
	得	dé	6-5	gain	二级
	电脑	diànnǎo	6-1	computer	一级
	第一名	dìyīmíng	6-5	first place	
	动物	dòngwù	6-2	animal	二级
	都	dōu	6-2	all	一级
	端午节	Duānwǔ Jié	6-7	Dragon Boat Festival	六级
E	鹅	é	6-2	goose	高等
F	翻译	fānyì	6-8	interpreter	四级
	复活节	Fùhuó Jié	6-7	Easter	
G	感恩节	Gǎn'ēn Jié	6-7	Thanksgiving	
	干净	gānjìng	6-4	clean	一级
	高兴	gāoxìng	6-2	happy	一级
	给	gěi	6-6	to	一级
	歌手	gēshǒu	6-8	singer	三级
H	还	hái	6-3	still	一级
	还是	háishì	6-5	or	一级
	好吃	hǎochī	6-3	delicious	一级

生词	拼音	课号	英文释义	等级
河	hé	6-4	river	二级
合唱	héchàng	6-6	chorus	高等
很多	hěnduō	6-8	many	
很少	hěnshǎo	6-6	seldom	
滑板	huábǎn	6-1	skateboard	
环境	huánjìng	6-4	enviroment	三级
或者	huòzhě	6-7	or	二级
鸡	jī	6-2	chicken	二级
件	jiàn	6-1	*measure word*	二级
将来	jiānglái	6-8	future	三级
假期	jiàqī	6-8	holiday	二级
加油	jiāyóu	6-5	*expression of encouragement*	二级
鸡蛋	jīdàn	6-3	egg	一级
接力	jiēlì	6-5	relay race	高等
节日	jiérì	6-7	festival	二级
……极了	jíle	6-3	extremely	三级
机器人	jīqìrén	6-1	robot	五级
就是	jiùshì	6-8	exactly	三级
烤鱼	kǎoyú	6-3	roasted fish	
可以	kěyǐ	6-7	can	二级
空气	kōngqì	6-4	air	二级
快点儿	kuàidiǎnr	6-2	hurry up	二级
辣	là	6-3	spicy	四级
垃圾	lājī	6-4	rubbish	四级
啦啦队	lālāduì	6-5	cheering squad	高等
了	le	6-3	finish	一级
两人三足	liǎngrénsānzú	6-5	three-legged race	
礼物	lǐwù	6-1	gift	二级
旅行	lǚxíng	6-8	travel	二级
马	mǎ	6-2	horse	三级
毛绒玩具	máoróngwánjù	6-1	stuffed toy	
每	měi	6-6	every	三级

J

K

L

M

生词	拼音	课号	英文释义	等级
没错	méicuò	6-7	That's right.	四级
米饭	mǐfàn	6-3	rice	一级
名	míng	6-8	*measure word*	二级
N 您	nín	6-3	address sb. respectfully	一级
牛	niú	6-2	cattle	三级
农历	nónglì	6-7	Lunar calendar	高等
P 跑步	pǎobù	6-5	running	三级
匹	pǐ	6-2	*measure word*	五级
乒乓球	pīngpāngqiú	6-5	table tennis	高等
Q 铅球	qiānqiú	6-5	shot put	
汽车	qìchē	6-4	car	一级
R 肉	ròu	6-3	meat	一级
S 森林	sēnlín	6-4	forest	四级
商人	shāngrén	6-8	businessman	二级
圣诞节	Shèngdàn Jié	6-7	Christmas	六级
摄影师	shèyǐngshī	6-8	photographer	五级
书法	shūfǎ	6-6	calligraphy	五级
数一数	shǔyìshǔ	6-2	count	
送	sòng	6-1	give (as a present)	一级
酸	suān	6-3	sour	四级
T 台	tái	6-1	*measure word*	三级
汤	tāng	6-3	soup	三级
特别	tèbié	6-6	especially	二级
跳高	tiàogāo	6-5	high jump	三级
跳远	tiàoyuǎn	6-5	long jump	三级
挺……的	tǐng...de	6-3	quite	二级
听说	tīngshuō	6-8	hear of	二级
头	tóu	6-2	*measure word*	二级
拖鞋	tuōxié	6-1	slipper	
T 恤	Tìxù	6-1	T-shirt	

	生词	拼音	课号	英文释义	等级
W	娃娃	wáwa	6-1	doll	六级
	味道	wèidào	6-3	flavour	二级
	尾气	wěiqì	6-4	exhaust	高等
	为什么	wèishénme	6-8	why	二级
	舞蹈	wúdǎo	6-6	dance	六级
X	虾	xiā	6-3	shrimp	高等
	咸	xián	6-3	salty	四级
	小吃	xiǎochī	6-8	snack	四级
	新年	xīnnián	6-7	New Year	一级
Y	羊	yáng	6-2	sheep	三级
	演员	yǎnyuán	6-8	actor/ actress	三级
	要	yào	6-2	be going to	四级
	鸭子	yāzi	6-2	duck	五级
	一会儿	yíhuìr	6-3	a while	一级
	应该	yīnggāi	6-7	should	二级
	因为	yīnwèi	6-8	because	二级
	一样	yíyàng	6-4	same	一级
	有点儿	yǒudiǎnr	6-3	a little	二级
	有时候	yǒushíhou	6-6	sometimes	一级
	游戏机	yóuxìjī	6-1	game machine	六级
	元宵节	Yuánxiāo Jié	6-7	Lantern Festival	高等
	乐器	yuèqì	6-6	musical instrument	高等
	羽毛球	yǔmáoqiú	6-5	badminton	五级
Z	脏	zāng	6-4	dirty	二级
	这些	zhèxiē	6-2	these	一级
	中秋节	Zhōngqiū Jié	6-7	Mid-Autumn Festival	五级
	周	zhōu	6-6	week	二级
	猪	zhū	6-2	pig	三级
	最	zuì	6-5	*(adverb, which shows superlative degree)*	一级
	座	zuò	6-4	*measure word*	二级

图书在版编目（CIP）数据

体验汉语小学教程. 学生用书 6 / 丁安琪，（美）黄丽娟主编. -- 北京：高等教育出版社，2023.9
ISBN 978-7-04-059961-9

Ⅰ.①体… Ⅱ.①丁… ②黄… Ⅲ.①汉语-对外汉语教学-教材 Ⅳ.①H195.4

中国国家版本馆CIP数据核字（2023）第042405号

体验汉语

Experiencing Chinese for Primary Schools

小学教程

学生用书
Pupil's Book

第六级
Level **6**

TIYAN HANYU
XIAOXUE JIAOCHENG
XUESHENG YONGSHU 6

读者意见反馈

为收集对教材的意见建议，进一步完善教材编写并做好服务工作，读者可将对本教材的意见建议通过如下渠道反馈至我社。
咨询电话 0086-10-58581350
反馈邮箱 xp@hep.com.cn
通信地址
北京市朝阳区惠新东街4号富盛大厦1座
高等教育出版社国际语言文化出版中心
邮政编码 100029

策划编辑 洪志娟
责任编辑 洪志娟
封面设计 张申申
版式设计 张申申
责任校对 李 玮
插图选配 洪志娟
责任印制 赵义民

出版发行 高等教育出版社
社址 北京市西城区德外大街4号
邮政编码 100120
购书热线 010-58581118
咨询电话 400-810-0598
网址 http://www.hep.edu.cn
　　　http://www.hep.com.cn
网上订购
　　　http://www.hepmall.com.cn
　　　http://www.hepmall.com
　　　http://www.hepmall.cn
印刷 北京盛通印刷股份有限公司
开本 889mm×1194mm 1/16
印张 5.75
字数 78千字
版次 2023年9月第1版
印次 2023年9月第1次印刷
定价 88.00元